습관성 겨울

습관성 겨울

장승리 시집

민음의 시 148

민음사

自序

겨울만 존재하는 상자가 있다.
눈이 녹아도 젖지 않는 상자.
내가 그 안에 있었는지 밖에 있었는지
기억이 나질 않는다.

2008년 8월
장승리

차례

自序

모서리가 자란다　　13
얼음이 날다　　14
꼭짓점 식탁　　15
신경성 하혈　　16
불멸의 마지막 순간　　17
제목 없음　　19
투명 나비　　20
틈새　　22
난생처음 목련 꽃이 아름답게 보이던 날　　23
의자　　24
두 손으로 모자라다　　25
기록하는 여자 1　　26
기록하는 여자 2　　28
病神　　30
거울 속의 거울　　32
우뇌가 없어도 울 수 있는　　33
꽃동산　　35
외침과 속삭임　　36

돌다리　　　37
또, 봄입니다　　　38
도돌이표　　　40
빗방울 잎　　　42
0호선　　　44
물결의 안팎　　　45
3월은 신이 죽은 달이다　　　46
구름이 되다, 코끼리 발자국　　　48
웃으면서 자는 죽음　　　49
히스테리컬 히스토리컬　　　50
머리카락에 걸린 밤　　　52
자연의 아이들　　　54
꿀단지　　　55
날개뿐인　　　57
sleepwalk　　　58
초대받지 않은 손님　　　59
키스　　　62
바스락거리는 그림자　　　63
헌 엄마　　　65
우리　　　67
샐러드 바에서 먹다 남은 여자　　　69
list　　　70
눈동자에 빠진 우물　　　72
blue day　　　73

빗방울　　　75
알리움　　　76
미로의 증인　　　78
얼굴의 기슭　　　79
습관성 겨울　　　81
나머지 빛　　　83

작품 해설 / 허윤진
파경의 악몽　　　85

이 시집을 故 장동욱, 위정희 두 분께 바친다.

모서리가 자란다

 사방이 거울이다 거울이 바라보는 거울 그 미궁 속을 헤매다 아침이 되면 파란 곰팡이로 부활하는 여자 여자의 모서리로 거미가 빨려 들어간다 여자가 남겨진 거미줄에 물을 준다 모서리가 점점 커진다 쨍하고 거울이 깨진다 시간을 질주하던 오토바이가 급브레이크를 밟는다 등이 굽은 백발의 소녀가 깨진 거울 밖으로 튕겨져 나와 여자에게 오버랩된다 더 이상 허수아비와 십자가를 구분하지 못하는 여자는 죽음에 집중할 수가 없다 죽음보다 집중이 더 중요한 여자 여자는 바늘과 섹스라도 하듯 항상 엄지발가락에 잔뜩 힘을 주고 있다 손가락으로 하나, 둘, 셋을 세다 너무 힘들어 네 번째 손가락을 굽히지 못한 채 깨진 거울 속으로 빨려 들어가는 여자 여자가 거미줄에 걸려 있다

얼음이 날다

 창밖으로 갈매기 한 쌍이 날아드네요 팔짱을 끼고 있네요 그 팔짱이 꽁꽁 얼어 있네요 각자의 좌우 날개를 쉴 새 없이 움직이며 간신히 공중에 떠 있네요 신부의 시선이 가 닿자마자 얼음이 쩽하고 깨지네요 얼음 조각들이 사방으로 튀네요 결혼식 날 아침이네요 이미 동그랗게 불러 온 배를 감추기 위해 신부가 애를 쓰네요 드레스가 아래쪽은 꽉 끼고 위쪽은 헐렁하다고 신부 입이 이만큼 나왔는데 신랑이 괜찮다며 신부 등 위로 시뻘겋게 손톱자국을 내네요 하객들은 뒷문으로 슬그머니 빠져나가 바다낚시를 즐기는데 콩알만 한 성기를 빨고 있던 태아가* 왼발은 선착장에 오른발은 배 난간에 걸쳐 두네요 배가 서서히 움직이기 시작하네요 다리가 점점 벌어지네요 풍덩, 세상의 모든 아침이네요

---

* 밀란 쿤데라, 『정체성』.

꼭짓점 식탁

 네 명의 아이가 식탁에 둘러앉아 도시락을 먹는다 서로의 반찬을 견제하며 신경전을 벌이다 결국 식탁의 꼭짓점을 하나씩 쥐고 뿔뿔이 흩어진다 담배 한 대씩을 물고 출렁이는 식탁, 비대칭의 밤바다를 바라본다 그 너머에 펼쳐진 아름다운 사과 밭을 떠올린다 탐스런 아빠의 얼굴을 따오라던 엄마의 명령대로 아빠의 얼굴을 꼭 쥐고 태어난 아이들, 바다 위로 몸속에 숨겨 놓았던 아빠의 뼛가루를 뿌린다 뿌려도, 뿌려도 아이들의 몸은 계속 냉각 중이다 off 되지 않는 아빠의 숨소리, 거세진 파도가 꼭짓점 너머로 밀려가지 못한다 아이들이 꼭짓점 위에 올려놓을 수 없는 아빠의 얼굴을 아삭, 베어 문다 이빨이 와르르 빠진다 혓바닥이 느끼는 어둠의 명도는 밤 열두 시를 가리키는데 쯧쯧쯧, 꼭짓점을 빨며 자라는 아이들

신경성 하혈

나와 내 밑그림이 포개지지 않아 가위로 나를 오린다 다시 퍼즐을 맞춘다 소용없다 내 한 몸 아귀를 도무지 맞출 수 없어 멈출 수 없는 전쟁 난 전쟁 전의 내 웃음을 기억할 수가 없다 오자 하나만 발견해도 보던 책을 내던지는 나를 정독하다 내팽개친 이 누구인가 정오의 해가 몸속에서 프로펠러처럼 돌아간다 꼬리잡기 놀이에 지쳐 나를 뚫고 나온 걸레 같은 햇살이 내 둘레에 그림자 창살을 박는다 오려 낸 여분의 내가 창살 밖에서 나를 바라본다 몸을 돌려 자세를 바꿔도 흘러가지 않는 시선들 엄마 자궁에서 듣던 빗소리가 그립다

불멸의 마지막 순간*

가장 먼 기억은
지금 이 순간일지 모른다
점점 더 가까이 다가오는 과거
그 과거가 해일처럼 나를 덮어
결국 내가 머물게 되는 곳은
수태되기 전날 밤인가

버그킬러에 부딪혀 빛과 소리로
공중분해되는 피와 살과 신경들
도대체 내게 쏟아지는 이 여분의 빛은
어떠한 충돌의 함성일까

똑, 똑
빗방울이 방울방울 사슬로 엮여
나를 감아 놓은 아침
여기저기 비 새는 소리가 들린다
녹물이 입 안 가득 고인다
언제까지 범람하는 녹물을 받아 마셔야 하는가
홍수가 나면 난 목이 마르다

새로 단 비단 커튼에 불을 붙인다
커튼에 수놓인 나비 한 마리가
내 혀 위에 내려앉는다
날개를 잡자마자 몸통에서 맥없이 떨어진 날개가
파드득, 파드득
자기 몸통을 지우며 사라진다

* 장 뤽 고다르, 「시대의 어둠 속에서」.

제목 없음

갑자기 겁이 났어 이름을 까먹을까 봐 적자, 적자, 까먹고 싶을 때까지 적어 보자 A4 용지 한 묶음의 포장을 뜯었어 500장×4변의 칼날이 하얗게 빛나고 있었어 그 칼날들이 내게로 날아와 2000개의 빈 가지를 몸 위에 그어 놓았어 연필을 깎던 칼로 가지들을 모조리 베어 냈어 난도질당한 스크린 사이로 빨간 나뭇잎이 쏟아졌어 그 나뭇잎들을 주워 팔러 가시는 어머니, 흙길 위에는 죽은 쥐들이 돌처럼 박혀 있고 흙은 부풀 대로 부풀어 있어요 이런 흙이라면 당신의 눈물 한 방울도 어여쁜 동생이 되어 내 밥상 위에 오를 수 있을 텐데 당신의 발소리는 미싱질하듯 찢어진 스크린을 꿰매고 당신의 뒷모습은 점, 점이 되어 나를 뚫는데 어쩌죠 어머니 계속 돌아가는 영사기를 멈추지 않는 당신의 저, 저,

투명 나비

나를 위한 그녀의 변명

그녀가 목을 맸다
그녀의 발바닥과 방바닥 사이
5cm
철저하게 부검을 해 봐도 그 5cm가 전부다

감기지 못한 그녀의 눈동자가
몇 광년 두께의 벽 같다
죽어서도 베일이 될 수 없는 그녀
그녀의 유언을 반복해서 중얼거릴 뿐이다
펴지 마라 접힌 순간을
펴지 마라 접힌 순간을
펴지 마라 접힌 순간을

그녀를 위한 나의 변명

연못의 잉어처럼 유영하는

그녀와의 잠자리 그 기억 속으로
잉어의 낮은 신음 소리가
뇌성이 되어 꽂힌다
물결이 번지다 말고 멈춘다
나는 물결을 믿지 않는다
겹쳐지고 겹쳐지는 그녀
그녀는 시간이다
시간은 반투명 유리다

나를 향해 날아오던 투명 나비
나를 통과했던
그 영혼을
나는 언제쯤
통과할 수 있을까

틈새

 키가 아무리 자라도 우리 집 초인종에 손이 닿지 않고 큰 책가방을 내려놓을 수 있는 땅조차도 땅 위에 붕 떠 있고 종이가 베어 놓은 검지 위 상처, 그 금의 너비가 눈꺼풀을 잡고 놓아주질 않고 여기저기 날아다니는 벽 하나 덮고 이리저리 뒤척이다 벽 그림자를 덮고 주무시던 아빠에게 묻는다 꿈은 도대체 몇 개의 가면을 쓰고 있나요 운전기사가 브레이크를 잘 잡고 있어서라고 대답하는 당신이라는 난센스

 잠 속에서 자는 나를 누군가 몰래 스케치하고 윤곽이 그려질 때마다 그만큼 나는 사라지고 완전히 사라지려는 순간 내 얼굴 곁으로 소리 없이 다가오는 하얀 발소리에 몸속 포화 상태의 침묵이 폭발해 버리고 너는 누구냐, 너는 누구냐로 흩어진 파편을 두 눈동자 안으로 쓸어 모으는데 단두대의 칼처럼 순식간에 내려오는 셔터에 두 손이 끼고 열 개의 혓바닥이 돌돌 말리고

난생처음 목련 꽃이 아름답게 보이던 날

 광신도인지 마귀 새끼인지 그게 그건지 손에 칼을 들고 성경 구절을 인용하며 목청 터져라 설교를 하다 칼로 제 목에 사선을 긋고 그것도 모자라 여기저기 몸에 상처를 내는데 도망 다니는 나를 낚아채어 내 몸에도 칼자국을 내려고 별 지랄을 다 떨다 내 손가락 하나를 잡아 회 뜨듯 살점을 도려내는데 아파 죽겠는데 개새끼 내게 그런 힘이 어디서 났는지 그놈을 이불에 돌돌 말아 큰 상자 안에 넣고 불을 붙였는데 어째 그놈 불에 타는 소리가 다시 살아나는 소리 같아 조마조마했는데 아빠가 가시덤불을 한 아름 안고 오시더니 상자 안에 집어넣어 주시는데 이번에 타는 소리는 진짜 소멸의 소리 환희의 소리 아름다운 음악 소리 신이 나서 남은 불씨 위로 물을 주는데 아빠가 물을 너무 많이 주면 들고 가기 무겁다고 해서 상자를 흔들어 보니 진짜 물이 출렁거리는데 아빠 이 물은 전날 아빠 보고 싶어 흘린 내 눈물인데 쏟아 낸 눈물만큼 나는 더 무거워지는데

의자

> 氏는 인생에 있어서 의자 외에는 달리 바라는 게 없었다.
> ― 장 필립 투생, 「氏」.

 의자 네 개로 뚝딱 자기 세계를 만들어 낸 아이가 축조된 세계 위로 필통, 수첩, 사탕을 올려놓는다 신하들에게 명령을 내리는 여왕처럼 자기 물건들을 향하여 뭐라고 중얼거리는 아이는 병든 아버지의 숨소리가 들려올 때만 깎다가 받침 밖으로 튀어 버린 손톱 쳐다보듯 세계 밖을 바라볼 뿐이다 아무도 그 안에 들어갈 수 없다

 방사된 손톱을 그러모으기에 바쁜 꿈속의 아이가 자고 있는 자기에게 소리친다 나를 이리저리 접어 가며 시간을 때우고 있는 너 대답해 보라고 없는 지금은 도대체 어디냐고 꿈이라는 최고 품질의 매트 위에서 따분한 동요 대신 비틀즈의 예스터데이를 틀어 달라고 발광하다 잠에서 깬 아이가 의자를 머리 위까지 쳐든 채 벌을 서고 있다

두 손으로 모자라다

공중 화장실에서 오줌을 누다 순간 깜빡 잠이 들었는데 눈을 떠 보니 변기 속에 피가 가득한데 문이 열려진 채 안팎으로 사람이 가득한데 옷도 추스르지 못한 채 어리둥절해 있는데 옆에 있던 한 여자가 변기 속을 들여다보며 생리혈이네 규정하는데 이럴 수가 없는데 어떻게 이럴 수가 있나요 소리를 질러 보지만 그들은 내게 관심이 없는데 내가 계속 소리를 지르자 무심한 얼굴로 손가락들을 들어 왼쪽을 가리키는데 그쪽은 벽 전체가 하나의 커다란 거울인데 그 많던 사람이 보이지 않는데 거울에 홀로 비치는 내가 이렇게 억울할 수가 사람들을 거울 속에 심어야겠다고 생각하는 순간 이제는 나만 보이지 않는데 거울에 홀로 비치지 않는 내가 이렇게 슬플 수가 거울을 깨 버려야겠다 생각하는 순간 온 세상이 정전이라도 된 듯 깜깜한데 **더 어두워졌어요** 목소리 하나가 들려오는데 어둠의 목소리일까 나를 비추는 어둠을 난 볼 수가 없는데 깜깜함이 어둠은 아닐 텐데 깜깜함 속에서 눈을 가렸다 귀를 막았다 두 손으로 모자라는데

기록하는 여자 1

 엄마의 꽃무늬 치맛자락이 꽃가루가 되어 날아가 버린 후 치맛자락을 꼭 쥐던 손으로 넌 기록을 하기 시작했지 날짜, 시간, 서명까지 완벽하게. 정자체로 정성스럽게 쓴, 하지만 한 번도 마음에 들어 한 적 없는 글씨 안에 가둬 아무것도 날아가지 못하도록. 가끔 큰소리로 힘주어 발음하기도 했어 나, 는, 기, 록, 하, 는, 여, 자, 야

 누구에게 주려는지 자기 몸에서 다 피지도 못한 채 떨어진 꽃으로 꽃다발을 만드는 너는 항상 비대칭으로 머리를 묶었어 하지만 그 비대칭이 흐트러지는 것은 용납할 수 없었지 비눗방울에 부딪혀도 멍이 들고 비틀어지는 너는 내게 말했어 누군가와 부딪히는 게 너무 힘들다고 부딪히는 느낌이 사라지는 느낌이라고

 점점 벌어지는 글씨와 글씨 사이처럼 이빨 사이가 벌어지고 그 틈으로 들려오는 노랫소리에 웃통 다 벗고 춤추며 히죽이는 너의 몸무게는 37kg 너를 보고 알았어 빛의 포화 상태가 어둠이라는 걸 어둠을 밝히는 촛불 앞에서 촛

불만은 바라보지 않는 너는 대답을 듣기 전에는 던질 수 없는 질문이었어

기록하는 여자 2

 거울 속의 내가 너무 아름다워 호호, 입김을 불어 가며 계속 거울을 닦아요 점점 커진 내가 거울을 깨고 나와 너 오늘 약 안 먹었지 하며 내 두 손목을 부여잡아요 이 손을 놓지 않으면 바늘을 씹어 버릴 거야 위협을 해 보지만 소용없어요 바늘을 씹었어요 바늘이 피부를 뚫고 나왔지만 무슨 소용이에요 깨진 거울을 다시 꿰맬 수는 없는 거죠

 더 이상 태울 초가 없어 기도도 할 수 없어요 체중계 위에 올라갔어요 여전히 바늘은 37을 가리켜요 살아온 연수보다 적은 숫자, 정확히 37분 동안 하늘을 날았어요 높이 더 높이 신나게 날다가 쿵 하고 부딪혔어요 아, 하늘에도 천장이 있구나 하는 생각에 다시 서글퍼졌어요 약 한 봉지를 꺼내 주려다 나도 모르는 사이에 약의 절반을 내가 먹어 버렸어요 나는 순간 남자가 되면 어쩌나 걱정을 했어요 안 그래도 매일 밤 얼굴 없는 여자의 가슴을 주물럭대며 헐떡이느라 신물이 날 지경인데

 날아다니는 백지를 잡았더니 나도 날기 시작하는 거예요 고도와 속도까지 조절이 되기에 착지를 하며 내게 말했

죠 종이 한 장이면 마음껏 날 수 있어 이제는 부딪힐 일도 없는 거야 그리고 다시 종이를 부여잡았는데 꿈쩍도 하지 않네요 이게 무슨 일인가 했더니 더 이상 바람이 불지 않는 거예요 날 수 없다면 해야 할 일들을 백지 위에 적어야 해요 빨간 색연필로, 결코 줄어들지 않을 목록을 말이에요

病神

꿈에서만 볼 수 있는 사랑하는 당신
교실 한가운데 앉아 혼자 시험 보는 나를
꼼짝 않고 교단 위에서 감시하는데
왜일까
곁눈질할 그 누구도 없는데
당신을 위해 완벽한 답지를 작성하고 싶은 마음뿐인데
남은 시간은 그렇게 많지 않고
재깍재깍
시계 초침 소리에 운을 맞춰
도저히 답을 메울 수 없는 빈칸 위로
졸졸
오줌을 흘리는데
당신이 그 길고 보드라운 하얀 손으로
미완의 답안지를
슬로우
모션으로
걷어 가는 순간
나는 오르가슴을 느끼는데
검은 내 등 위로

내가 그어 놓은 십 차선 손톱자국
그 길을 따라
꿈이 줄행랑을 친 후에도
나는 온몸을 떠는데

문제

　새들이 커다란 돌덩이를 목에 매고 있습니다 어떤 새는 머리 위에 시멘트 덩어리를 이고 있습니다 추락하지도 날아오르지도 못한 채 그냥 그렇게 정지 화면처럼 공중에 떠 있습니다 옆에서는 호랑이와 호랑이가 한창 섹스 중입니다

　이 그림을 끼워 넣을 액자 틀을 어디서 구할 수 있을까요

거울 속의 거울*

    오디오의 볼륨을 최대치로 높인다 투명한 음표들이 날아다닌다 나는 그것들을 요정이라 부른다 요정은 나와 눈을 마주치지 않는다 얼마 안 있다 요정은 사라지고 눈앞에 보이는 것이라곤 보이는 것이 전부다 창문 틈새로 스며드는 바람에 커튼이 나부낀다 햇빛이 리드미컬하게 방 안으로 발을 들이밀었다 뒷걸음친다 여기에서 저기까지 몇 겹의 투명 커튼이 드리워져 있는 걸까 내게는 그 커튼을 열고 닫을 권한이 없다 스피커에서 계속 흘러나오는 아르보 패르트의 침이 온몸을 적신다 몸속으로 돋아나는 소름이 속삭인다 반투명의 실루엣이 되어 버린 나를 더듬으며 어디에 숨었냐고

* 아르보 패르트.

우뇌가 없어도 울 수 있는

걸레를 들고 내 온몸을 닦는 아빠, 소용없어요 먼지는 없어지지 않아요 단지 이동할 뿐이죠 먼지의 컨설턴트* 노릇은 이제 그만 하세요 커트라인에 걸려 아빠가 될 수 없다고 울고 있는 아빠, 제발

무덤을 신고 노 저어 가는 바람 냄새가 견딜 만하고 언제든 마음껏 날아다닐 수 있는 천 개의 내 클리토리스가 견딜 만하고 견딜 만해서 견딜 수 없는 적(敵), 날아오는 수백 개의 도끼날 중 하나에 정통으로 맞아도 아픈지 모르겠고 의사의 처방전 같은 당신의 연애편지는 이제 신물이 나고 거지들이 내 찌그러진 눈동자 속에 적선을 다하고

정오의 해 위로 X자 모양의 검은 테이프를 붙여 놓고 사라지는 당신, 당신의 뒷모습을 바라보는 내 뒷모습은 안아 주지도 못한 채 오른손 왼손을 번갈아 가며 올렸다 내렸다 한다 나에게서 겨자씨를 뺀 것만큼의 내가 산을 움직이고 파도를 멈추게 하고 꽃의 입을 영원히 틀어막을 수 있다고

어둠은 내 얼굴에 흰 얼룩을 남기는데

　　　　　　　　　　*

* 샐리 포터, 「yes」.

꽃동산

 내 몸에서 뽑아낸 향기로운 죄로 수의를 만들어요 결코 용서받지 못한다는 성령을 훼방한 죄를 헤아리며 수명 다 된 형광등처럼 온몸을 껌벅이며 바느질감을 꼭 쥐고 있어요 면도날로 동시에 제 목을 가르는 내 아이들이 나를 노려봤네요 아이들의 시선으로 붉게 물들어 가는 수의 위로 가롯 유다의 꽃씨가 어지럽게 흩날리네요 의미 없이 주르륵 흐르는 눈물은 지옥의 채도를 낮추고 재채기에 입 밖으로 쏟아지는 검은 십자가를 십자가에 쾅! 쾅! 못질하며 난 이렇게 멋진 수의 한 벌을 지었는데 내가 쌓아 올린 바벨탑은 무너지지도 않고

외침과 속삭임*

　침대 옆 수도에서 물이 콸콸 쏟아지고 꼭지를 아무리 잠가도 잠가지지 않고 수저통 속 새 수저도 쏟아지고 그 수저를 주우러 낯선 공터로 정신없이 뛰어가고 등 뒤에서 남자들의 욕지거리가 들려오고 주워 온 수저로는 밥을 먹지 않는 병든 아버지 옆에서 멍청한 얼굴로 껌을 짝짝 씹고 온 집에 불씨가 꽃잎처럼 흩날리고 새로 깐 장판에 생길 그을음을 생각하면 눈물이 다 나고 이 치사한 새끼야라는 한마디에 새로 산 가스레인지에 움푹 홈이 패이고 네 주먹보다 상처 난 가스레인지가 나는 더 측은하고 그래도 여전히 맑은 너의 눈을 바라보고 있노라면 내 두 눈에 핏발이 다 서고 나에게 밥상을 차려 줄 수 없는 남자와는 결혼할 수 없다고 네가 그려 준 내 초상화 앞에서 중얼거리고 핸드폰˚ 진동 소리에 the other world에 금이 가고 죽어서도 아픈 베리만의 영화 속 여자처럼 금을 밟고 나온 나도 여전히 깨질 듯이 머리가 아프고

---

* 잉마르 베리만.

돌다리

돌다리가 바다 위로 떠오릅니다 죽었다고 생각했던 사람들이 그 위에 서 있습니다 한 사람 또 한 사람 육지로 발을 내딛는 그들에게서 눈을 떼지 못하지만 아빠는 보이지 않습니다

아빠와 팔짱을 낀 채 밤을 지새웠습니다 동이 트고 팔짱을 푸는데 아빠의 팔은 팔짱을 꼈던 상태로 굳어 있었습니다 아침에 출근한 주치의가 손목시계를 보면서 ○월 ○일 ○시 ○분에 사망하셨습니다, 라고 말했습니다 사망 선고였습니다 언제 떠났는지 모르는 사람을 어떻게 떠나보낼 수 있을까요

돌다리가 가라앉습니다 나는 바다 속으로 몸을 던질 수가 없습니다 딱딱해진 눈물이 몸속에 박혀 징검다리가 됩니다 내 몸 밖으로 삐져 나온 아빠의 시커메진 손톱 끝을 계속 만지작거립니다 아직은 내 눈물을 딛고 나를 건널 수가 없습니다

또, 봄입니다

　뇌로 전이된 악성종양으로 견고한 철자법의 세계에서 풀려난 당신은 운동장을 돌고 또 돌았습니다 당신의 마지막 편지는 그렇게 숨을 헐떡이고 있었습니다 더 이상 뛰지 못하고 저 하늘 위에 걸려 있는 싸구려 흰 운동화는 이제 비에도 젖질 않습니다

　당신이 내 손을 잡고 싶어 했을 때 난 책장을 넘기고 있었습니다 미안하다는 말은 하지 못했습니다 당신이 가신 후 보는 책 족족 밑줄을 그었을 뿐입니다 이제 당신 차례입니다 내 온몸에 밑줄을 그어 주세요 그 계단을 밟고 내려와 내 손을 잡아 주세요

　한 달 내내 보던 두꺼운 책을 찢어 버렸습니다 이리저리 뒤척이며 잠들지 못하다 결국 찢어진 책장을 한 장씩 한 장씩 스카치테이프로 붙였습니다 찢어진 밑줄이 너덜너덜한 밑줄이 되고 너덜너덜한 미로가 됩니다

　미로 속에 갇힌 채 시계추처럼 똑 딱 똑 딱 흔들리는 내 몸이 나를 몇 번이나 돌려놔도 시계 바늘은 그 자리 그대

로인데 한 줌의 재로 사라진 시간 위로 망가진 자음과 모음이 꽃비 되어 나리는 또, 봄입니다

도돌이표

천장 구석에서 막 부화한 투명 나비들이
나를 향해 날아들어요
부딪히기 싫어 몸부림을 쳐 보지만
손끝 하나 움직여지지 않아요
내게로 돌진하는 그들의 날갯짓은 격렬한데
나는 아무것도 느낄 수가 없어요
그냥 나를 통과하네요

당신과 아무리 부딪치고 부딪쳐도
마찰음을 들을 수가 없어요
그 침묵의 주름을 더듬다 보면
어느새 내 손끝은 촉촉이 젖어 있어요
당신 몸에 계속해서 단추를 다는 꿈을 꿨어요
그 단추들을 끼울 곳을 찾지 못해
결국 당신은 나를 통과하는데
나는 당신을 통과할 수 없는 건가요

단 한 번도 피곤하단 말을 하지 않았던 당신
도대체 피곤하단 말을 몇 번이나 반복해야

되풀이되는 오선지 위에서
훌쩍 뛰어내릴 수 있을까요
흘러가는 굴뚝에서 흘러나오는
당신의 눈물
영원히 타지 않는 그 구멍이
내게로 번지는 그날
내가 살포시 가 앉게 될 꽃잎은
또다시
무슨 색깔일까요

빗방울 잎

실타래의 실을 모두 풀어 버린 나
는 깨진 거울
의 뒷모습은 당신
은 사막의 마침표가 되고 싶은 무덤
위에 칼 하나가 꽂혀 있는
칠판 위에 잘못했어요라는 말을 빼곡히 써넣고
칠판을 손톱으로 긁는 나
를 영원히 비추는 당신
은 검은 소파
에 앉아 자기 혀를 깨물어
피 뚝뚝 흐르는 그 혀를 소리 내어 먹고 있는 당신
의 침묵에 입맛을 다시는 나
의 반복되는 잠꼬대
엄마, 내 몸속에 문둥병 한 다발 심어 주세요
나 자신도 나를 찾아오지 못하도록
내 몸속에 엄마를 심어 주세요
가지 위로 돋아나는 무덤 속 잎맥을 따라 흐르며
저 하늘의 한숨이 계속 펌프질해 대는

당신을 둘러싼 투명 문의 문고리를 찾을 수 없는 나
는 당신의 잘려진 손목

0호선
— 지하철에서 만난 여자 1

전철 안 귀퉁이에 서서
도루코 칼로 자기 손등에 흠집을 내는 여인
손등 여기저기에 피어나는 붉은 꽃을
스윽 꺾어 버린다

정해진 역 외에는 열리는 법 없는 굳게 닫힌 문과
인정머리 없어 보이는 문밖의 검은 벽
당신도 갑갑한 거죠
상처를 내고 싶은 거죠

우리 함께 전철 위로 올라가
잘 부풀어 오른 이 긴 식빵을
당신의 칼로 먹기 좋게 자르기로 해요
끝끝내 다 먹어 치우고서
손잡고 가는 곳마다
보이지 않는 레일이 깔리는 것을 보기로 해요

물결의 안팎
── 지하철에서 만난 여자 2

역삼동을 가려면 이리로 가는 것이 맞나요
그렇다는 대답을 서너 차례 듣고서도
또다시 묻는 여자
검은 뒤통수들의 무심한 시선이
여자 얼굴 위로 흥건하다

물결이 될 수 없어 아픈 여자
고여 있는 더러운 물도
양손으로 떠 올리고 보면
투명한 것을
더러운 투명함만 헤아리고 또 헤아리다
결국 제 가슴에 강물을 포개 놓고
바느질을 시작하는 여자

한 땀, 한 땀
강물 위로 번지는 여자의 웃음이
내 입술 양 끝을 억지로 잡아 올린다

3월은 신이 죽은 달이다*
― 지하철에서 만난 여자 3

엄마 화장한 얼굴이 더러워 보여

쿵, 지하철이 급정거한다

딸아, 내 얼굴은 이 나간 꽃잎이란다
네 혓바닥을 썰어
내 얼굴을 메워 주렴

지하철 창문에 비친 제 얼굴
찍어 대느라 딸
액정 화면 밖의
짙은 꽃향기 들리지 않는다

곰팡이 핀 립스틱을 꺼내 화장을 고치고
지하철, 다시 출발한다

꽃잎 깨진다
마른번개 내리치다 말고 지그재그로 서 있다

엄마의 눈동자 속
눈물 수평선이 하늘로 번지고 있다
아픈 금
내가 그어 놓은 눈금을 지나치고 있다

* 파스칼 키냐르, 『은밀한 생』.

구름이 되다, 코끼리 발자국

 더 이상 물기가 남아 있지 않은 네 눈동자는 이미 한 그루의 사막이다 검은자 없이 온통 흰자위뿐인 네 눈동자를 밟고 싶은데 칼날을 목 위에 수평선처럼 맞대고 있는 두 개의 복면 자살할 수 있는 틈조차 주지 않는 더 깊이 잠들 도리밖에

 울렁거리는 얼음을 깨 보니 16년 전 개장수에게 넘긴 뽀삐가 꼬리를 흔들고 있다 뽀삐를 품에 꼭 안았을 뿐인데 머리 위로 코끼리 한 마리가 왼발을 들고 서 있다 따뜻한 얼음을 덮고 싶다 녹아내려 물이 된 나무 물살이 되어 흘러가 버린 나이테를

 손가락이 펴지질 않는다 나무토막처럼 둥둥 떠다니는 내 발바닥을 건져 내야 되는데 구름은 땅에 처박혀 흘러가질 않고 하늘을 딛고 있는 머리통이 흠뻑 젖는다 떠내려가는 집에서 살고 싶다던 너, 울지 마라 목 놓아 울어도 바닥은 쌓이지 않는다

웃으면서 자는 죽음

너를 만나고 돌아와 거울 앞에 서니 위는 하얀 블라우스 아래는 잠옷 바지 거울이 내 왼쪽 눈썹을 쓱 다 밀어 버리고 그제야 세로토닌 수치가 올라가고 뭉텅뭉텅 빠지는 머리카락과 와르르 빠지는 이빨이 만나 천둥 번개를 치고 춤추다 지친 바람은 훔쳐 온 손가락으로 태양의 콧구멍을 후벼 파고 캄캄한 밤하늘이 잠깐 창백해지고

네 쌍둥이를 낳는 꿈 오줌 누다 변기 속으로 4×4를 흘려 보내는 아무도 닮지 않아 건져 낸 죽음 이 아이의 아버지는 누구인가 두 개비만 피우고 내다 버린 담뱃갑들이 내 무덤에 칼처럼 꽂혀 있고 나는 비눗방울이 아닌데 나는 나비가 아닌데 거대한 꽃상여에 치여 죽고* 싶어 하던 너, 떨어지는 나를 붙잡기 위해 그 자리에 그대로 서 있을 수 있겠니

---

* "거대한 꽃상여에 치여 죽는 것"(『쇼펜하우어 인생론』에 언급된 인도인의 윤리 중 하나).

히스테리컬 히스토리컬

엄마의 피아노가 뛴다
계단을 내려온다
대문을 무너뜨린다
자고 있는 소녀를 연주한다
음악에 맞춰
스텝 한번 밟을 수 없는 소녀

버블, 버블, 버블
엄마의 젖가슴은 거품이야

거품을 빨고 핥으며
잠꼬대를 멈추지 않는다

젖을 떼고
88개의 건반을 모조리 씹어 먹는 들
자장가가 되어
엄마를 잠재울 수 있을까

금 밖으로 나가지 않으려고

발버둥 치는 순간에도
저만치
금 밖에 서 있는
질긴 거품
말줄임표로 가득한 엄마의 얼굴을
풍선껌처럼 불었다 터뜨린다

머리카락에 걸린 밤*

여자의 긴 머리카락이 시끄럽다
머리카락을 주시하는 여자의 눈동자가 시끄럽다
머리카락보다 눈동자가 길어지는 밤
밤은 여자의 눈동자를 잴 수 없다고 시끄럽다
시, 끄, 럽, 다에 여자가 걸려 있다

내 머리카락을 잘라 줘요, 라고 말하면
당신은 뒷걸음쳤고
사랑해요, 라고 말하면
당신의 그림자는 한 뼘씩 커졌지요
거대해진 그림자가 당신을 삼키기 전에
내 말이 나를 지울 수 있기를
빛이 전멸하는 순간에도
반짝임은 지속될 수 있다고 믿는 당신
거미가 거미줄에서 죽지 않듯이
나는 결코 당신 품에서 죽지 않아

여자가 자기 머리카락을 자른다
밤이 하얗게 질린다

비로소 깨어난 여자가
꿈에서 자른 머리카락을 부여잡고 엉엉 운다
눈물에 머리털 끝 하나 젖지 않는 아침이
여자를 비껴 천천히 굴러간다

* 모르는 이의 블로그에서 긴 머리를 노이즈로 표현한 것을 본 이후에 쓴 시다.

자연의 아이들*

죽어서 걷는 길을 보았던 걸까
죽어서는 볼 수 없는 길을
길 한쪽으로 정렬한 백목(白木)
그림자조차 눈이 부시다
왼쪽 풍경은 기억이 나질 않는다
내 발자국을 따라오던 네 살의 내가
문고리가 없는 나를 두드린다
들어갈 수 없는 나를 통과한 네 살의 나는
이미 보이지 않는다
문밖에서 주춤거리던 발자국들이 담배를 문다
구름 한 모금이 길게 드리워진다
몇 년 전 돌아가신 증조할머니가
남편이 되어 내 옆에 누워 계신다
나를 꼭 잡고 있으면서 제발 자기를 놔 달라니

* 프리드릭 토르 프리드릭슨.

꿀단지

사우디아라비아에 계신 아빠가 보고 싶었어
아빠 휴가 나오시면 드린다고
엄마가 다락에 숨겨 놓은 꿀단지를 용케도 찾아내
뚜껑을 열었어
8년 묵은 엄마의 야윈 얼굴이 빠져 있었어
눈 딱 감고 엄마의 얼굴을 퍼먹었어
너무 써서 뱉어 버렸어
뱉어져 나온 엄마가 꿀단지를 던졌어
꿀단지도 깨지고 나도 깨지고 깨지고 깨져
대문 밖으로 흘러 나갔어
알몸이었어
골목 어귀를 따라 밀려다니면서
벽이며 난간이며 돌부리에 부딪혀
몸 여기저기에 피멍이 들었어
아빠를 찾아 헤맸어
아빠 잘못했어요
저를 핥으세요, 제 몸은 달아요
목소리는 허공에서 맴돌고
사막의 뜨거운 모래 바람만이

가슴을 훑고 지나갈 뿐이었어
엄마는 그날 밤
멍투성이인 내 몸을 쓰다듬으며
잠자는 척 가만히 누워 있는 내 옆에서 우셨어
나는 속으로만, 속으로만
엄마 잘못했어요
저를 핥으세요, 제 몸은 달아요

날개뿐인

 엄마, 어떻게 난 마취 없이 눈을 뜰 수 있었나요 중환자실 같은 자궁 밖 자궁 너무 아파 너무 아파 계속 헛소리를 지껄이고 있어요 나는 아직 태어나지 않았는지도 모르겠어요 어깨를 쫙 펴고 대로를 활보하는 순간에도 웅크리고 있는걸요 나는 태어나 버린 태아 같아요 흘러 다니는 엄마의 젖가슴 그곳에 내디딜 수 있는 발목은 애초부터 없었어요

 버려진 그물 속에 날개들이 뒤엉켜 있어요 날개의 요람은 그물인가요 바다가 하나의 거대한 귀처럼 내 혀들을 삼켜 버리네요 웅웅거리며 묽어지네요 엄마, 오늘 난 바다가 날개를 달고 훨훨 날아가는 꿈을 꿨어요 바다가 날갯짓을 할 때마다 깃털이 우수수 떨어졌어요 깃털 하나에도 짓눌려 허우적대는 난 태어난 적 없는 나의 그림자였던가요 그런가요 엄마,

sleepwalk

새벽 3시 30분
쿵, 쿵, 쿵
심장에서 들리는 발소리
누구인가
바람도 불지 않는데
방문은 저 혼자 삐거덕거리고
엄마의 분홍 치마 같은
혓바닥들이
고막 위에서 춤을 춘다
개구멍서방 같은 밤은
내 몸 위에서 오입질 한창인데
지독한 사디스트
파란 멍이 온몸에 번지고
도둑눈처럼 흰머리 수북한 아침이 벌써
또다시 시작이다
sleepwalk

초대받지 않은 손님

　북촌창우극장에서 이오네스코의 「수업」을 본다 학생이 나오고 하녀가 나오고 교수가 나오고 모기 두 마리가 그 사이로 날아다닌다

　모기 1　비를 피해 들어왔건만
　　　　　이곳에도 비가 내리네요
　　　　　빗, 방울 방울 방울
　　　　　고집스럽게 다문 입술들이
　　　　　내게로 와 부딪히네요
　　　　　너무 시끄러워요
　　　　　이가 아파요*

　모기 2　나는요 말하고 싶지 않아요
　　　　　덧없어요

　모기 1　말하고 싶지 않다는 그 말은 왜 하나요
　　　　　당신은 침묵이 뭔지 몰라요
　　　　　덧없는 게 어디 말뿐이겠어요
　　　　　당신은 덧없음이 뭔지 몰라요

       부정한 설명은 집어치워요
       너무 시끄러워요
       이가 아파요

모기 2 빗물에 신발이 흠뻑 젖었어요
       물을 신고 다니는 것 같아요

모기 1 소음,
       당신의 숙명(宿命)이자 숙적(宿敵)인
       물이 당신 몸 위를 걷는 것
       발자국이 남지 않는 발걸음이
       덧없는 침묵일 텐데
       너무 시끄러워요
       이가 아파요

모기 2 죽이고 싶어요
       당신을
       침묵을
       더럽혀진

나의
뒤통수를

　조명발 잘 받는 먼지가 소란스럽고 교수의 침이 튀고 땀이 튀고 정액이 튀고 학생이 죽고 또 다른 학생이 들어오고 연극이 끝나고 모기 두 마리는 여전히 날아다니고 뺄셈을 할 수 없는 무대장치 속으로 관객들 일제히 빠져나가고

* 학생의 반복되는 대사.

키스

병동 밖으로 나온다

살아 있는 것들의 들숨과 날숨으로
하늘은 저렇게 어두워지는데

숨의 총량은
어둠의 총량을
넘어서는 법이 없다

점점 희미해지는 얼굴들
윤곽은 어디로 사라지는가

바람을 오려
남루한 저녁에 기우고 싶은
오늘

주차된 낡은 프라이드 안에서
환자복을 입은 남녀가 입을 맞추고 있다
검은 비닐로 싸인 항암 링거병 두 개도 입을 맞춘다

바스락거리는 그림자

나뭇잎 같아요

그가 연필로 작업한
인물화들의 눈동자를 가리키며 말했다

바스락거리는 소리까지 들리는 듯한데
눈동자의 잎맥은
어디로
사라졌나요

자살한 형 이야기를 들었다
유서 한 장 없이
자기 명함에 不孝라는 두 글자를 적고
여관에서 제초제를 마신 후
세상을 떠났다는

타들어 간 내장이
텅 빈 눈동자처럼 찍힌
엑스레이 한 장 남긴 채

그렇게 가 버린 형을 떠올리는
그는
슬퍼 보이지 않았다

헌 엄마

 한자리에 앉아 네 개의 사과를 먹는 나를 보고 남편은 돈도 안 버는 게 작작 좀 먹으라고 타박을 줘 천오백 원짜리 빨대 달린 카페 라테를 사 달라는 나에게 애인은 그냥 자판기 커피를 마시자고 해 몸이 아파 산책을 한 지는 또 얼마나 됐는지

 새엄마에게 맡겨진 내 나이 일곱에 재혼한 엄마, 엄마의 남편은 부자, 육십이 다 된 지금도 삼십대의 몸매를 유지하고 있는 엄마가 자기가 입던 이십사만 원짜리 아놀드 파마 스웨터를 소포로 보내왔어 내 옷은 대부분 만 원 안짝인데 이 옷은 나와 급이 달라

 정신과를 찾아갔어 삼십여 분 의사 앞에서 몇 마디 중얼거리고 나왔을 뿐인데 육만 원을 달라네 삼십 분 상담에 오만 원, 십 분마다 만 원씩 추가되는 상담료에 다시는 정신과를 찾지 않았어

 울퉁불퉁한 돌 하나를 죽이고 싶다 죽이고 싶다

멍하니 앉아 있다 집어 든 수화기, 나도 모르게 나에게 전화를 걸어 받을 수 없는 수화기를 입에 대고, 사과와 카페 라테와 산책을 좋아한 것뿐인데 그뿐인데 만 원 안짝의 헌 엄마는 어디에 도대체 어디에

우리
── we or cage?

내 몸에 섬을 심는 사람

그대의 주먹질에 금이 간 몸속 붉은 담벼락에
섬은 싹을 틔우고 꽃을 피운다
안전망이 있어 안전할 수 없는 곳
우리가 함께 바라볼 수 있는 바다는 없다
눈먼 등대가 되어
더 밝은 어둠 속으로 그대를 몰아내는
내 눈동자의 침묵에 대답할 수 없다면
그대,
더 이상 그대 몸속에 그대 키 이상의 파도는 만들지 말기를

너무 무거워 풀어 버린
그대가 선물한 작은 목걸이를
섬에 걸어 놓는다

뱃고동 소리가 들린다
수평선 너머로 뚜벅뚜벅 걸어가는

섬의 발소리가 들린다

파도 한 조각에 걸려 있는 목걸이가
반짝, 거리다
사라진다

샐러드 바에서 먹다 남은 여자

 메뉴판 두 개를 세워 그 속에 얼굴을 파묻고 혼자 음식을 먹는 여자 여자 주변엔 아무도 없다 맞은편에 앉은 내 시선은 그녀에게 고정돼 있다 그녀가 메뉴판 밖으로 살짝 고개를 든다 나와 눈이 마주친 순간 일그러진 얼굴로 메뉴판들을 쓰러뜨리고 그중 하나를 담당 서버에게 들이대며 자리를 바꿔 달라고 소리를 지른다 그녀와 그녀의 성은 순식간에 사라진다 마음대로 세웠다 무너뜨릴 수 있는 그녀의 유연한 건축술에 흐지부지하던 식욕이 부풀어 오른다 또 하나의 성이다 성안에 갇혀 침범당한 여자로 버무린 샐러드를 맛있게 먹는다 내가 먹어 치운 여섯 개의 접시에는 목에 걸려 뱉어 버린 여자의 찡그린 미간이 둥둥 떠다니고 내 성은 더욱 견고해져 먹어도 먹어도 남는 여자 그래서 모자란 여자

list

> 심술궂은 희열 속에 X표를 쳐 지워 없애는 하루하루는
> 사실 내 젊음과 창창한 약속의 나날인 것이다.
> ─ 실비아 플라스, 『실비아 플라스의 일기』.

신의 강박적 기질이 list를 낳았다
첫째 날, 둘째 날……
천지창조의 그 기막힌 list와
실비아 플라스가 적어 놓은
해야 할 일과 명제들의 목록
오늘날 내 작은 수첩에 적힌 수많은 list를 보아라
결국 나에게 주어진 하루하루도
신이 수첩에 휘갈겨 적은 list에 불과한 것인가
창조가 신의 추락*이라면
추락으로 올라가는 사다리는 바로 list, list, list
list 없는 안식은 없다
콧구멍 파는 것까지도
번호를 매겨 수첩에 적어 놓아야 하는
이 포근한 강박이여
천지창조 이전의 창조물을 기억하라

엄마 자궁 속에서
list를 적고 있는 태아들을 기억하라
list 없이도 숨 쉴 수 있는
아빠 자궁 속으로 들어가고 싶었지만
괜찮다
이미 나는 엄마도 아빠도 그 누구의 자식도 아닌
list의 착한 자식이요 흠 없는 노예니
이제는 더 이상
X표 쳐진 list의 내용을 궁금해하지 말고
마지막으로 자기 얼굴에 X표를 치고 사라진 이들의
심술궂은 희열만을 기억하라

* 샤를 보들레르, 『벌거벗은 내 마음』.

눈동자에 빠진 우물

불을 끄고 누워
나를 비추는 천장을 바라본다
산산조각 나 있는 몸의 조각들을 맞춰
나를 완성해 보려고 애를 써 보지만
노력하면 할수록 더 어긋날 뿐이다
천장에 금이 가기 시작하고 그 사이로 뚝, 뚝
핏방울이 떨어진다
천장에 기름을 붓고 불을 지른다
활활 타오르는 불꽃 속에서도
타지 않고 노려보는 내 눈동자가 너무 섬뜩해
창밖으로 던진다
지나가던 고양이 한 마리가
눈동자를 삼킨 채 쏜살같이 도망친다
강간범 같은 아침을 피해
천장의 잔해 사이로 보이는
우물 속으로 몸을 숨긴다
고양이가 우물에 빠져 죽어 있다
내 두 눈을 부릅뜬 채

blue day

쪽창 하나 없는 방이었다
파란 불덩이가 사방의 벽을 후려쳐 가며 출렁이고 있었다
불덩이 속으로 가라앉기 싫어 가쁜 숨을 내쉬며 허우적 댔다
난 지쳤어
더 이상 요동치지 않는 방의 심장에 돌을 던지자
잔물결이 밀려왔고
물결 하나를 관 뚜껑처럼 덮고
점점 더 방바닥으로 가라앉았다
난 한 마리의 하혈하는 파랑새가 되고 싶었어
하늘에 걸려 있는 교수대의 목줄을 향해 돌진하고 싶었지
밖으로 뻗어 나가야 할 날개는 목을 졸라 대고
폐선처럼 바다의 바닥으로 끝 모르고 내려앉는데
하느님, 무수히 많은 나의 하느님
끝이 보이지 않는 검은 명주 치마를 입혀 주세요
더 짙은 어둠으로 날아오르겠어요
높고 높은 저 푸른 하늘로 곤두박질치겠어요
자진해서 옷고름 풀어헤치고

당신들의 식탁 위로 뛰어오르겠어요
하느님, 하느님들, 네?

빗방울

가로등 불빛과 섞여
가지 끝에
소리 없이 맺히는
아빠의 자궁
톡 하고 건드리자마자
떨어져 깨진다
하혈하는 아빠를 보기 위해
이 밤
난 또다시 날 유산시킨다

알리움*

무덤 속 시체가 벌떡벌떡 발기하는 동틀 녘
난 가끔씩 내 무덤에 알리움 한 송이 들고 찾아간다
(무덤에 다다르려면 낡은 나룻배를 타고 가야 해
할머니 주름 같은 물결을 따라 강을 건너야 하지)
무덤에 다다르면 알리움 한 송이 무덤 앞에 내려놓고
내 이름이 적혀 있는 묘비 앞에서 잠시 눈을 감는다
눈물샘에서 헤엄치던 잉어 한 마리 파드득 몸부림칠 때
눈물샘에 동글동글한 파장이 생겨 그 모습에 또다시 코끝
이 찡해져 올 때
그제야 난 눈을 뜬다
나를 태우고 왔던 나룻배처럼
무덤도 강물 따라 소리 없이 흘러가고
내 몸에서 여문 꽃잎 하나씩 따다 무덤 위로 떨어뜨리니
꽃잎을 밟고 가는 무덤의 발소리가 내 얼굴을 밟고 간다
강물 위를 떠돌던 하얀 물새는 지평선 너머로 사라지고
무덤은 붉은 열매처럼 빛나는데
내 집 담장 너머를 기웃거린 죄
한참을 서성이다 초인종을 누르고 도망친 죄

나보다 더 큰 내 원죄를 임신한 저 무덤이 내 얼굴을 밟고 간다

* '끝없는 슬픔'이라는 꽃말을 가진 꽃.

미로의 증인

　화장이 시작되고 얼마 안 있어 전광판에 '냉각 중'이라는 글씨가 뜬다 냉각이 완료된 후 철문이 열리고 하얗고 부드러운 재가 실려 나온다 재 속으로 낚싯대를 드리운다 엄마는 낚싯밥을 물지 않는다

　아빠 양복 안주머니에 죽은 엄마의 사진을 넣어 놓는다 아침마다 손발을 허우적대며 잠에서 깨어나는 아빠의 자궁 속에 끝이 보이지 않는 계단이 똬리를 튼다 아빠의 배가 점점 불러 온다 하늘에 그 거대한 배가 정박하는 순간 검은 선글라스를 쓴 하느님이 태어난다

　하느님이 첫울음을 터뜨리지 않는다 파랗게 질린 아빠의 입술이 가윗날이 되어 하느님의 침묵을 사정없이 오려 댄다 온 세상이 소란스럽다 한쪽 끝이 살짝 올라간 하느님의 입술이 밤하늘에 떠오른다

얼굴의 기슭

그래, 그곳에 금이 간 달을 심어 줄 수 있겠니

바람의 비명에 부러진 나뭇가지를

나뭇가지 끝에 매달린 네 눈동자를

어디를 쳐다보고 있는 거니

바람을 붙잡고서라도 일어나고 싶은 거니

욕창으로 무른 네 등은 침대 위에 남겨 두고

바람을 붙잡고서라도 걷고 싶은 거니

어느새 동은 터 오고

금 사이로 가쁜 숨을 내쉬는

새파랗게 질린 나의 달은 아직 잠들지 못했는데

한겨울 바닷바람에 손등이 트려면 아직도 멀었는데

넌 벌써 네 발자국들을 줍고 있는 거니

습관성 겨울

 가려워서 긁는다 긁다 보니 긁는다 가렵지 않아도 긁는다 눈보라처럼 버짐이 일어난다 창문을 긁고 가는 바람의 메마른 웃음을 분석하고 싶은 밤 네가 내 앞에 서 있다 거울을 통해 자기 등 뒤를 살피던 고양이의 매서운 눈매를 하고 있는 너 네 앞에서 나는 왜 거울인가

 쳇 베이커의 이빨은 어디로 사라졌을까 없는 이빨 사이로 들려오는 바람 소리에 잠을 설치는데 I get along without you very well* 나지막이 읊조리는 쳇 베이커를 뒤로한 채 긴 머리 같은 겨울밤을 헤집으며 그의 이빨을 찾고 있다

 책장을 깨끗이 정리해 준 후 위스키 한 잔을 정종처럼 데워 달라던 너 정종 잔을 찾다 네 차가운 이마를 찾다 깨버린 꿈 꿈에서 흐르던 눈물이 베개까지 번져 있고 나는 문득 눈물이 녹슨 열쇠 같다고 생각한다 눈이 내린다 눈 위에서 늘 맨발이던 너 내 옆에 너는 있는데 네 옆에 나는 어디로

* 너 없이도 나는 아주 잘 지내고 있어.

나머지 빛

 바닷가 절벽 꼭대기 독채에 살고 싶어 밤새 밀려왔다 밀려가지 못하고 쌓이는 파도의 옥타브를 견딜 수 있는 내가 있는지 궁금해 파도, 파도는 부모가 있을까 나날보다 앞서 있는 내 그림자에 반사된 당신들은 누구인가 송곳같이 뾰족해진 내 젖꼭지를 빨다 구멍 뚫린 밤, 바람 들어간 무처럼 맛없는 이불을 덮고 잠들 수 있는 아버지는 없어 씹던 껌을 뱉어 생년월일을 접어 붙일 수밖에 페이드아웃되는 거울 속 겨울, 그래도 날리는 저 눈발은 작년에 떨어져 뭉개진 목련 꽃일 거야 사라지는 건 없으니까 코미디 영화를 보면 눈물이 나니까 태어난 사이 희미해진 손금이 절정의 목련 꽃처럼 하얗게 빛나는 날 나는 또 태어나니까

■ 작품 해설 ■

파경의 악몽

허윤진(문학평론가)

천둥 번개를 동반한 검은 꿈

 그녀는 홀로 잠든다. 밤은 자신이 품고 있는 것들을 검은색의 휘장 뒤로 감춰 버렸다. 밤이 감추고 있는 것들을 보고 싶다면 잠들어야 한다. 그녀가 그리워하는 것들이 그녀를 찾아 꿈속으로 돌아올 테니까. 그래서 그녀는 잠을 청하고 꿈을 청해 본다. ······.
 번쩍이는 섬광과 지축을 뒤흔드는 소리가 그녀의 잠과 꿈을 깨어 버린다. 먼 옛날의 한 여인처럼 실솔(蟋蟀)을 탓할 수 있으면 좋으련만. 그녀는 아마도, 그녀에게서 멀어져 가는 검은 뒷모습들만을 꿈속에서 만났을 것이다. 그녀에게 늘 그림자만을 보여 주는 영원한 도망자들. 산산조각

나 버린 기도의 조각들을 애써 줍는 그녀의 손은 또 피를 흘린다. 그녀는 그 손으로 꿈을 기록한다. 그녀는 나에게 자신의 꿈을 와서 들여다보라고 손짓한다. 붉은 손짓을 외면하고 싶다. 눈을 꽉 감는다. 오늘밤의 날씨는 그다지 화창하지 않다.

영원한 착시 현상

 인간이 발명해 낸 눈속임 장치 중에서 가장 매력적인 것은 거울이 아닐까. 보이지 않는 '나'라는 대상을 볼 수 있게 해 주는 이 놀라운 장치는 불가능을 가능으로 바꾸는 놀라운 힘으로 말미암아 초자연적인 신물로까지 격상되기도 했다. 수은을 뒷면에 바른 유리판인 거울은 단순한 물체에 그치지 않고 인간의 온갖 상상력을 자아내는 신화적인 상징으로 기능해 왔다. 거울의 원형이라고 할 수 있는 수면까지 거울의 의미망에 포함시켜 보면 거울은 자기애의 매개체(그리스 신화)로 여겨지기도 했고 수양의 대상이 되는 자기 자신(동양 철학)으로 일컬어지기도 했다.
 현대의 (인)문학 이론을 접한 사람이라면 거울이라는 단어에서 라캉의 정신분석학을 떠올릴 수도 있을 것이다. 최근에는 이 오래된 상징에 대해서 과학적인 연구가 활발하게 진행되고 있다. 거울에 비친 형상을 '자신'의 이미지로 인식할 수 있는 동물은 몇몇 영장류와 돌고래, 아시아 코끼리에 그친다고 한다.(《뉴욕 타임스》, 2008년 7월 22일자 과학면 참조) 인간이 거울에 비친 자신의 이미지를 타인들이 보는 자신의 모습으로 간주한다는 점을 감안해 보면 거울 이미지를 의식한다는 것은 사회 속에서 자의식을 형성한다는 것과 크게 다르지 않을 것이다. 이런 가정이 유효하다고 할 때 사회를 이루고 사는 동물들은 많지만 사회 속의 '나'에 대한 자의식을 지닌 동물들은 그다지 많지 않다고 할 수 있다. 인간이 거울을 볼 줄 모르는 동물이었다면, 예컨대 개미들처럼 체계적인 군집 사회에서 일사 분란하고도 평화롭게 살아갈 수 있었을지도 모른다. 하지만 우리는 이미 손에 거울을 쥐고 있다. 망막과 시신경, 뇌가 만들어 낸 인지적인 '착시' 상황을 '나'라는 것으로 상상하면서 말이다.

장승리의 첫 시집은 인간이 빠져나올 수 없는 유서 깊은 착시 현상과 더불어 시작된다. 이 시인을 거울 수집가라고 부를 수 있을 정도로 거울의 이미지와 구조는 시집에 편재한다. 시적 화자들은 이따금 거울 자체가 되기도 한다. 그/녀들이 거울이 되기 위해서는 하나의 조건이 필요하다. 바로 '너'라고 불리는 존재가 있어야 한다. 그/녀는 이런 상황에서 묻는다. "네 앞에서 나는 왜 거울인가."(「습관성 겨울」) 네 앞에서 내가 거울인 것은 내가 너를 고스란히 반사해 내기 때문이다. 동일성을 향한 희구가 거대한 착각에 불과하다 할지라도, 그/너는 너의 몸이 나의 몸이기를, 너의 욕망이 나의 욕망이기를 바란다.

나는 밀폐된 상자 속에서 유폐의 실험을 겪고 있는 존재가 아니다. 내가 광장의 어디엔가 서 있는 이상 무수한 이인칭의 존재들이 그/녀들의 모습을 내 위에 슬며시 비추고 가곤 한다. 거울 속에 비치는 이미지는 거울 앞에 주어진 대상에 따라 시시각각 변한다. 우리는 타인들과 관계를 맺으며 서로의 거울이 된다. '나'와 '너'가 교차하는 대화의 양상은 마치 마주 보고 늘어선 거울들의 무한 상조처럼 끝없이 이어진다. 너와 같아지고 싶다는 나의 욕망은 욕망의 속성이 늘 그렇듯, 실현될 수는 없다. 내가 너의 도플갱어가 되어 버리면 너는 너의 자기동일성을 유지하고 '생존'하기 위해서 나를 없애려 들 것이고, 나 역시 언제든 없어져도 좋은 복사본이라는 자각에 이르는 순간 소멸할 것이기 때문이다. 나르키소스(이미지)와 에코(언어)가 그랬던 것처럼.

「습관성 겨울」의 화자 역시 결국 누군가의 근삿값에 머무르는 것을 포기한다. 대신, 그/녀를 잃은 (행복한) 상실감 속에서 자신이 '소유'한 타인의 존재를 확인하고, 타인이 되고자 했던 자신의 부재를 인정한다.

거울 이미지는 빛이 만들어 낸 존재의 이미지라는 점에서, 빛이 만들어 내는 존재의 그늘인 그림자와 연관성이 있다. 그녀는 자신의 이미지에 부합하지 않는 자신의 실체를 부정한다. 마치 쓸모없는 지방 덩어리를 몸에서 제거하듯

이, 스스로에게 착시 속의 시술을 감행한다.

    나와 내 밑그림이 포개지지 않아 가위로 나를 오린다 다시 퍼즐을 맞춘다 소용없다 내 한 몸 아귀를 도무지 맞출 수 없어 멈출 수 없는 전쟁 난 전쟁 전의 내 웃음을 기억할 수가 없다 오자 하나만 발견해도 보던 책을 내던지는 나를 정독하다 내팽개친 이 누구인가 정오의 해가 몸속에서 프로펠러처럼 돌아간다 꼬리잡기 놀이에 지쳐 나를 뚫고 나온 걸레 같은 햇살이 내 둘레에 그림자 창살을 박는다 오려 낸 여분의 내가 창살 밖에서 나를 바라본다 몸을 돌려 자세를 바꿔도 흘러가지 않는 시선들 엄마 자궁에서 듣던 빗소리가 그립다
                                      —「신경성 하혈」 전문

내가 0의 부피와 체적에 이르게 될 때까지 나를 자르고 덜어 내고 한다 해도 나의 밑그림과 나는 영원히, 같아질 수 없다. 애초에 기준이 되는 "밑그림"이란 허상에 불과하기 때문이다. 나의 이미지와 나를 일치시키겠다는 그녀의 도저한 집념은 애초부터 그녀가 패배하기로 예정된 전쟁을 야기한다. 빛으로 그늘을 만들어 내는 해가 다른 곳도 아닌 그녀의 몸 '안'에 있는 이상, 그녀의 몸 밖 어딘가로 비대칭·부정형의 그림자가 또 비어져 나가게 될 것이다. 어떤 방향으로든 몸을 움직여 그림자의 형태를 변형시킨다 해도 그녀는 계속하여 실체와 현상 사이에서 좌절을 맛볼 것이

다. 반면 해가 나지 않아 그림자가 생기지 않는다면 그녀는 잠시 좌절을 멈출 수 있을지도 모른다. 그녀가 해가 들지 않는 어두운 곳의 '빗소리'를 그리워하는 것도 그 때문이다.

 거울이 동시에 주는 황홀한 착시감과 허망한 좌절감의 미세한 틈새에서 그/녀가 갈등하는 사이, 거울은 경련을 일으키다가 결국 깨져 버리고 만다. 아니, 어쩌면 거울은 안과 밖의 불일치로 말미암아 애초부터 파열의 시한폭탄을 장착하고 있었는지도 모른다.

 장승리는 이런 거울의 생리를 거스르지 않는다. 그래서 그녀의 시는 파경(破鏡)의 시가 된다. 그녀의 시에서 '깨진 거울'에 관한 직접적인 표현을 찾기란 어렵지 않다. 거울이 곧 나라고 했을 때 깨진 거울은 깨진 나, 깨진 몸 등으로 의미의 파장을 넓혀 간다. 거울은 생래적으로 깨지기 쉬운 것이니, 나 역시, 나의 몸 역시, 깨져 버리기 쉽다. 그래서 그녀는 산산조각 난 몸의 조각들을 자주 마주치게 된다.

깨져 버린 거울

 거울에 비친 나를 바라보는 일은 나에겐 꽤 어색하게 느껴진다. 내가 나이기를 바라는 가공된 이미지가 거울 속의 이미지와는 꽤나 다르게 느껴지므로. 거울 속의 이미지 역시 뇌가 가공한 이미지이기는 마찬가지인데도 말이다. 거울을 들여다보는 놀이는 애초부터 실패가 예정된 도박이지만 그녀는 거울 속에서 오래오래 시간을 보낸다.

> 사방이 거울이다 거울이 바라보는 거울 그 미궁 속을 헤매다 아침이 되면 파란 곰팡이로 부활하는 여자 여자의 모서리로 거미가 빨려 들어간다 여자가 남겨진 거미줄에 물을 준다 모서리가 점점 커진다 쨍하고 거울이 깨진다
> ―「모서리가 자란다」에서

거울 속에서의 '수난' 이후에 그녀가 새로이 다시 얻은 몸을 보면 무척이나 보잘것없다. 그녀는 시 속에서 곰팡이도 되고, 등이 굽은 백발 소녀도 되고, 심지어 자신의 몸 안에 빨려 들어와 버린 거미도 된다. 물론 이 모든 과정은 비유 속에서 벌어진다. 그녀라는 거울, 그녀라는 한 세계는 동시 발생적일 수 없는 시간과 사물을 마치 거미줄처럼 흡착하여 몸을 부풀린다. 공존할 수 없는 것들이 붐비는 그녀-거울은 결합력을 잃고 깨져 버리기에 이른다.

거울을 비롯한 환상의 은막이 파국을 맞았을 때, 그녀는 바늘이나 미싱 등의 수단에 의지해 깨진 세계를 수선하려 하지만 그녀의 노력은 대부분 헛되이 끝난다. 중국의 창세신화에서 여와는 하늘을 바느질로 기워 세계를 대홍수에서 구했다지만, 그런 신비로운 기적은 지금 우리의 시대에는 이루어지기 힘든 모양이다. 그래서 그녀는 "깨진 거울

을 다시 꿰맬 수는 없는 거죠"(「기록하는 여자 2」)라고 자조적으로 읊조릴 따름이다.

그녀를 비춰 주는 것은 비단 거울만이 아니다. 그녀를 둘러싼 면과 벽, 그녀를 가두고 있는 세계는 어느 것이든, 어떤 곳이든, 그녀로 하여금 자신을 끊임없이 의식하게 만든다. 자신으로부터, 자신을 옥죄어 오는 세계의 손길로부터 자유로울 수 있는 순간은 없다.

> 불을 끄고 누워
> 나를 비추는 천장을 바라본다
> 산산조각 나 있는 몸의 조각들을 맞춰
> 나를 완성해 보려고 애를 써 보지만
> 노력하면 할수록 더 어긋날 뿐이다
> 천장에 금이 가기 시작하고 그 사이로 뚝, 뚝
> 핏방울이 떨어진다
> ──「눈동자에 빠진 우물」에서

천장 역시 거울 면의 변형이다. 그것은 그녀를 수직 방향으로 압도한다. 넓고 막막한 거울 아래에서 그녀는 깨져 버린 자신을 수습하려 애쓰지만 역시나 또다시 실패한다. 자신과 세계가 모두 균열을 일으키는 온전한 절망 앞에서 그녀의 사지는 무력해진다. 그녀-거울이 '깨지는' 경성(硬性)의 경험은 그녀의 몸과 방이 '찢어지는' 연성(軟性)의 재난으로 반복된다. 그녀에게 밤은 검은 무뢰한이 되고 고양이는 눈동자의 찬탈자가 된다. 절망스러운 것은, 깨진 거울을 꿰맬 수 없듯 깨지고 찢어진 그녀의 몸을 꿰맬 수 없다는 사실이다.

몸의 조각들 사이에 난 '틈'은 시의 곳곳에 숨어 있다. 죽음을 맞은 몸과 세계(방바닥) 사이의 틈은 단 5센티미터이다.(「투명 나비」) 몸과 세계에 난 그 틈이 바로 그녀의 사인(死因)이다. 그녀가 삶의 구심점으로 삼을 수 있는 것에는 과연 무엇이 있을까. 그녀 자신의 몸은 무중력 상태의 물체들처럼 살과 피로 흩어져 나뉘고, 그녀는 어떤 공간에도 '발 딛고' 살아갈 수가 없는데 말이다.

> 키가 아무리 자라도 우리 집 초인종에 손이 닿지 않고 큰 책가방을 내려놓을 수 있는 땅조차도 땅 위에 붕 떠 있고 종이가 베어 놓은 검지 위 상처, 그 금의 너비가 눈꺼풀을 잡고 놓아주질 않고 여기저기 날아다니는 벽 하나 덮고 이리저리 뒤척이다 벽 그림자를 덮고 주무시던 아빠에게 묻는다 꿈은 도대체 몇 개의 가면을 쓰고 있나요 운전기사가 브레이크를 잘 잡고 있어서라고 대답하는 당신이라는 난센스
> ―「틈새」에서

그녀에게 자석의 인력(引力)은 작용하지 않는다. 모든 것은 척력(斥力)의 세계에. 사물들은 서로 밀착되지 못하고

부유하듯 서로 떨어져 있다. 어린아이의 몸은 집과 대지에 달라붙지 못한다. 잠재적인 유목민이 될 수밖에 없는 것이 인간의 숙명이라 하더라도, 우리에겐 이따금 몸을 부빌 안식처가 필요하지 않겠는가. 그녀는 세계의 '살붙이'가 되지 못한 채 틈과 틈 사이에 몸을 가로누이고 있다.

거울의 파편들, 당신들

거울이 사랑의 정표라는 점에서 파경은 관용적으로 사용되는 의미처럼, 사랑의 결렬 상태라고 할 수 있다. 시인은 자신이 사랑했고 사랑하는 이들의 조각을 염습하듯 모은다. 많은 인간들에게 원초적인 사랑의 대상은 엄마가 아니었을까. 1년 가까운 시간 동안 나를 위험하고 무서운 바깥세상에서 보호해 준 당신. 연인들이 따뜻한 날갯죽지에 고개를 파묻는 새 한 쌍처럼 그렇게 서로의 품으로 파고드는 것도, 누군가와 한 몸이었던 머나먼 그때의 경험을 그들의 몸이 기억하고 있기 때문인지도 모른다. 입을 다물었다 뗐다 하면 쉽게 발음되는 양순음의 이름들, 엄마라든가 아빠라든가 하는 이름들은, 우리의 입가 언저리에 늘 언제고 머물러 있다. 그녀의 시에 엄마와 아빠가 자주 등장하는 것은 그녀가 최초의 사랑, 최초의 합일을 그리워하기 때문일 것이다. 하나 자신과 닮은 이 두 남녀는 그녀에게는 행복보다는 고통을 불러일으킨다.

 그녀는 이런 기원을 하는 것처럼 보인다. 차라리 태어나지 않았더라면. 엄마의 몸 밖에 있는 세계, 그러니까 그녀가 지금 살아가고 있는 세계가 병원의 "중환자실"(「날개뿐인」) 같기 때문이다. 태어나지 않았더라면 지긋지긋한 고통을 이렇게 연장하지 않아도 되었을 것이다. 하지만 우리의 탄생은 불가역적이어서, 엄마 몸의 테두리를 넘어 세계 밖으로 머리를 내민 순간부터 우리는 이렇게 살아갈 수밖에 없다. 우리는 우리의 의지로 태어난 것이 아니다. 우리를 낳은 이들이 우리에게 좀 더 관대한 사랑을 줄 수 있다면 우리는 이곳에서 버틸 힘을 좀 더 얻을 수 있을 것이다.

 하지만 그녀에게 곤혹스러운 삶을 선사한 이들은 그다지 자비롭지 못하다. 「꿀단지」는 무척 달콤해 보이는 제목의 시이지만 그 내부를 읽다 보면 작고 여린 아이가 존재의 추위에 생생하게 노출되어 있는 것이 보인다. 어른들 몰래 단것을 훔쳐 먹는 아이들은 시대를 막론하고 언제든 있었지만, 그랬던 아이들이 모두 심한 벌을 받고 혼났던 것은 아니다. 시 속의 아이는 부모에게 용서를 빌면서 자신의 몸이 '달다'고 말한다. 자신을 부모 앞에 내놓음으로써 부모의 화를 달래려는 아이의 모습은 처연하기까지 하다. 부모에게 해를 끼치지 않는 '달콤한' 아이가 되겠다는 다짐은 곧 '착한' 아이가 되겠다는 다짐과 다르지 않다.

 한편으로 아이가 아빠에게 한 번, 엄마에게 한 번, "저를 핥으세요, 제 몸은 달아요"라고 말하는 문장 자체는 매우 관능적으로 느껴지기도 한다. 이것은 '핥다'라는 동사가 '몸'이라는 명사와 연관되었을 때 성적인 분위기를 환기하기 때문일 것이다. 부모가 가하는 체벌이 몸에 대한 가학적인 행위라는 점에서, 부모의 처벌에서 아이의 자기희생으로 이어지는 이 시의 시퀀스는 부모와 자식 간의 (과도한) 애정 관계로 읽히는 면이 있다. 아이의 여리고도 맹랑한 문장에서 독자가 잠시 멈칫하게 되는 것은 근친 관계에 관한 문화적 금기를 자연스럽게 떠올리기 때문일 것이다.

이성애적 가부장제 하에서 부모는 남성과 여성의 쌍으로 이루어지지만, 장승리의 시에서 부모는 생물학적 성과 무관하게 '공평'하게 다루어진다. 부모가 여러 자식에게 주는 사랑은 비대칭적이기 쉽다. 열 손가락 깨물어서 안 아픈 손가락이 없다고 하지만 깨물어서 특별히 아픈 손가락은 있다. 그런 부모의 사랑을 넘어서는 방법은 부모를 공평하게 사랑하는 것일까?

아버님 날 낳으시고 어머님 날 기르시니, 하는 『시경(詩經)』 구절이라든가 아브라함이 이삭을 낳고 이삭이 야곱을 낳고, 하는 성경 구절은 장승리에게 무척 친숙하게 다가왔을 것이다. 아버지가 자식을 '낳는다'는 표현은 그녀에게 이르러 자궁을 가진 아버지로 구체화된다. 여성에서 남성으로 성전환을 했으나 질과 자궁을 제거하지 않은 '남성'이 실제로 아이를 출산하기도 하는 현 시대에, 아버지와 자궁을 결합시키기란 그다지 어렵지 않다.

> 가로등 불빛과 섞여
> 가지 끝에
> 소리 없이 맺히는
> 아빠의 자궁
> 톡 하고 건드리자마자
> 떨어져 깨진다
> 하혈하는 아빠를 보기 위해
> 이 밤
> 난 또다시 날 유산시킨다
>
> ——「빗방울」전문

아마도 그녀는 비가 내리는 밤, 잠을 이루지 못하고 있는 모양이다. 가로등 불빛이 켜져 있고 그녀가 그 빛을 인식할 수 있는 것을 보니. 빛과 비가 서로 섞여 들고 빛은 물의 입자를 통과하며 산란(散亂)하여 더욱 심란(心亂)하게 빛나고 있을 것이다. 그녀의 몸이 마치 말라 버린 고목 같다면, 이 밤의 비는 그녀에게 오랜만에 생기를 북돋아 주는 생명수처럼 느껴질 것이다. 그러나 나뭇가지 끝에 맺히는 액체의 방울은 몸의 외부가 아닌 내부에서 온 것이다. "자궁"이나 "하혈", "유산" 같은 단어들을 시의 뒤편에서 만나면서 우리는 상상하게 된다. 혹시 그녀는 스스로의 몸에 상처를 내어 붉은 수액(樹液)을 보고 있는 것이 아닐까. 그녀의 사지 끝에 맺힌 아빠의 자궁이 깨져 아빠가 하혈을 하고 아빠의 자궁이 품은 아이인 내가 유산되는 밤……. 아빠가 고통 받는 것을 보기 위해서는 나 자신을 먼저 이 세상에서 소거해야 한다. 내가 사랑하는 이들을 부정하는 일은 결국 나를 부정하는 일과 같아서, 그들이 입은 상처는 나의 상처로, 나아가 나의 작은 '죽음'으로 부메랑처럼 돌아온다. 내 안의 아빠가 깨지고, 아빠 안의 내가 깨진다. 서로 부둥켜안을 수 없는 낱낱의 조각들.

그녀가 완전히 가루로 바스라지지 않고 살아가기 위해서는 그녀가 숨어서 스스로를 치료할 수 있는 작은 은신처가 필요하지 않겠는가. 그녀를 보호해 줄 수 있는 울타리-모서리와 그녀의 작은 소유물들이 사이좋게 존재하는 세계. 그곳은 바로 '꿈'이다. 현실 속에서 의자를 들고 벌을 서는 아이도 꿈속에서는 자기만의 놀이터를 갖는다.(「의자」) 그녀는 시 속에서 항상 잠을 청한다. 알약을 입에 털어 넣는 마음으로. 엄마와 아빠 외에 그녀에게 사랑의 대상이 있어 왔던 것은 분명해 보이지만 그 대상(들)은 그다지 구체적으로 나타나지 않는다. 그들은 뒷모습만을 지닌 사람들처럼 시 속에서 그늘과 그림자로서 존재할 뿐이다. "실타래의 실을 모두 풀어 버린 나/ 는 깨진 거울/ 의 뒷모습은 당신."(「빗방울 잎」) 그들의 앞모습을 보기 위해서 그녀는 수면(睡眠) 아래 자맥질을 쉬지 않는다.

한밤의 거울, 꿈

거울이 빛이 만들어 낸 착시의 세계라면 꿈은 어둠이 만들어 낸 착시의 세계일 것이다. 물론 낮에도 꿈을 꿀 수 있지만, 자연적인 질서를 따르자면 꿈은 밤의 시간에 가까운 것일 테니. 장승리의 시에서 꿈은 밤의 시간, 어둠의 시간과 친연성이 있다. 꿈은 한밤에 상연되는 인형극이고, 그 세계에서 나는 나를 비롯한 인형들을 홀로 조종하는 광대가 된다. 아무리 많은 인형들이 등장해서 다채로운 세계를 보여 준다고 해도, 어떤 파편들이 이 즐거운 전쟁터에 날아든다 해도, 결국 광대가 확인하게 되는 것은 자기 자신의 처절한 욕망일 따름이다. 그 욕망조차 언어로 번역되면서 견뎌 낼 수 있는 강도로 변형되고 조정되지만 말이다.

너를 만나고 돌아와 거울 앞에 서니 위는 하얀 블라우스 아래는 잠옷 바지 거울이 내 왼쪽 눈썹을 쓱 다 밀어 버리고 그제야 세로토닌 수치가 올라가고 뭉텅뭉텅 빠지는 머리카락과 와르르 빠지는 이빨이 만나 천둥 번개를 치고 춤추다 지친 바람은 훔쳐 온 손가락으로 태양의 콧구멍을 후벼 파고 캄캄한 밤하늘이 잠깐 창백해지고
  ―「웃으면서 자는 죽음」에서

그녀는 아마도 연인을 꿈속에서 만났을 것이다. 현실에

부재하는 자를 가장 쉽게 만날 수 있는 세계는 꿈의 세계니까. "꿈에서만 볼 수 있는 사랑하는 당신."(「病神」) 현실을 바꾸고 싶다는 간절한 바람은 현실과 가상을 혼재하게 만든다. 가상의 세계에 머무르고 싶다는 마음이 너무 커서, 그녀는 가상에서 현실로 모드 전환을 재빠르고 영리하게 할 수가 없다. 그래서 어떤 순간 그녀는 우스꽝스럽게 현실의 의복과 꿈을 위한 의복을 섞어 입고 서 있기도 한다. 자로 잰 듯한 대칭의 세계 대신 상하 좌우가 맞지 않는 비대칭의 세계는 그렇게 탄생한다. 장승리의 시는 꿈과 현실이 뒤섞이는 경계선을 시적 무대로 삼고 있다. 마치 가위에 눌린 사람이 자신이 꿈을 꾸고 있다는 사실을 인식하면서 그 꿈에서 현실로 완전히 빠져나올 수 없는 상태처럼 그녀 역시 경계선의 틈 어딘가에 몸이 끼어 있다.

꿈에서 깨지 않을 수 있다면, 그녀는 영원히 행복할 수 있을지도 모른다. 특히나 꿈이 충분히 달콤하다면 말이다. 안타깝게도 거울이 깨지듯 꿈도 깨진다. 각각 꿈과 거울에 관련된 동사가 둘 다 동음이의어 '깨다'라는 사실은 우연의 일치 치고는 의미심장하다. 조각난 거울의 파편들을 다시 맞추기 위해 그토록 애썼던 그녀는 이제 꿈의 파편들까지 다시 맞추어야 한다. 힘든 과업을 다시 완수하고 싶지 않기에, (꿈에서, 꿈을) '깨고 싶지 않다'는 그녀의 소망은 더욱 간절해진다.

공중 화장실에서 오줌을 누다 순간 깜빡 잠이 들었는데 눈을 떠 보니 변기 속에 피가 가득한데 문이 열려진 채 안팎으로 사람이 가득한데 옷도 추스르지 못한 채 어리둥절해 있는데 옆에 있던 한 여자가 변기 속을 들여다보며 생리혈이네 규정하는데 이럴 수가 없는데 어떻게 이럴 수가 있나요 소리를 질러 보지만 그들은 내게 관심이 없는데 내가 계속 소리를 지르자 무심한 얼굴로 손가락들을 들어 왼쪽을 가리키는데 그쪽은 벽 전체가 하나의 커다란 거울인데 그 많던 사람들이 보이지 않는데 거울에 홀로 비치는 내가 이렇게 억울할 수가 사람들을 거울 속에 심어야겠다고 생각하는 순간 이제는 나만 보이지 않는데 거울에 홀로 비치지 않는 내가 이렇게 슬플 수가 거울을 깨 버려야겠다 생각하는 순간 온 세상이 정전이라도 된 듯 깜깜한데 **더 어두워졌어요** 목소리 하나가 들려오는데 어둠의 목소리일까 나를 비추는 어둠을 난 볼 수가 없는데 깜깜함이 어둠은 아닐 텐데 깜깜함 속에서 눈을 가렸다 귀를 막았다 두 손으로 모자라는데

―「두 손으로 모자라다」 전문

아무리 꿈속이라지만 숨기고 싶은 비밀이 낱낱이 공개적으로 드러나는 것은 꽤나 난감한 일일 것이다. 어쩔 수 없다. 그녀가 꿈의 무대로 화장실을 택했으니. 화장실은 자신을 '화장'하려 해도 자신의 온갖 치부가 훤히 드러나는 곳이 아니던가. 나의 의지와 상관없는 타인의 언어가 그녀

에게는 무척이나 불편하게 다가온다. 억울함을 호소하는 그녀의 목소리는 온데간데없이 묻혀 버리고 그녀는 거대한 거울의 방에 홀로 남겨진다. 꿈은 그녀가 '의식'하는 방향과 반대 방향으로 계속해서 움직인다. 그녀는 이성의 채찍으로 꿈을 길들일 수 없다. 이 거울-꿈이 마음에 안 든다고 깨 버릴 수도 없다. 그것을 깨야겠다고 '생각'하자마자 꿈의 무의식적 동력은 그녀를 암중모색의 상황으로 몰고 간다. 그녀가 심연의 에너지 속에서 보고 들은 것은 무엇이었을까? 모든 꿈은 생래적으로 악몽에 가까운 것일까? 꿈은 우리가 거울을 만들고 있다는 것까지도 보여 주는 거울이기에. 그녀가 들여다본 텅 빈 암흑이 얼마나 끔찍한 가상현실이었는지 우리는 모른다. 그녀의 꿈은 그녀만이 갇힐 수 있는 독방이기에. 그녀 외에 그녀 자신의 꿈을 깰 수 있는 존재는 없다.

파편과 상처

거울의 파편들은 모서리가 날카롭다. 착시와 환상이 파탄을 맞고 난 후의 현실은 우리에게 상처를 내기 쉽다. 장승리의 시에서 거울의 파편은 칼날, 종이의 모서리 등으로 변주된다. 이 사물들 간에는 연약한 살갗을 벨 가능성이 있다는 공통점이 있다. 이런 물체들에 살이 베이면 타박상이나 자상(刺傷)에 비해서 상처의 면적은 작겠지만 날카로운 쓰라림은 더할 것이다. 사소한 부주의로 상처를 입었다고 하기에, 그/녀들의 아픔은 꽤 심해 보인다.

    갑자기 겁이 났어 이름을 까먹을까 봐 적자, 적자, 까먹고 싶을 때까지 적어 보자 A4 용지 한 묶음의 포장을 뜯었어 500장×4변의 칼날이 하얗게 빛나고 있었어 그 칼날들이 내게로 날아와 2000개의 빈 가지를 몸 위에 그어 놓았어 연필을 깎던 칼로 가지들을 모조리 베어 냈어 난도질당한 스크린 사이로 빨간 나뭇잎이 쏟아졌어
                                              —「제목 없음」에서

읽고 쓰는 자에게, 종이는 상상력이 투사되는 아름다운 화면이다. 이 거울에는 다른 거울들과 마찬가지로 인간을 매혹하는 동시에 인간을 아프게 하는 양가적인 속성이 있다. 「제목 없음」에서, 그녀의 상상력이 고스란히 비춰져 행복한 시 쓰기의 공간이 되어야 할 종이는 그녀를 공격하고 그녀에게 상처를 내는 잔혹한 무기로 나타난다. 2000개의 모서리가, 2000개의 칼날이 그녀의 몸을 상하게 한다. 그녀가 고통스러운 매혹을 '끊어 내는' 것은 그녀에게 더 큰 상흔을 남긴다. 언어를 대면하는 일이 2000이라는 수치만큼 괴롭다면 언어와 대면하고자 하는 욕망을 외면하는 일은 그 수치의 수십 배, 수백 배 더한 괴로움을 가져온다. 종이

도, 연필도 나무에서 왔으니 종이와 연필이 '낳은' 상처 역시 나무에서 온다. 붉은 나뭇잎으로 온다. 그녀가 움직일 때마다 얇은 핏덩어리들이 우수수 경련을 일으켰을 텐데 그녀는 대체 어떻게 지금까지 목숨을 부지해 왔을까.

이렇게 그녀처럼 주저흔(躊躇痕)을 가진 사람은, 몸에 금을 긋는 사람들을 쉽게 알아볼 수 있을 것이다. 자신과 비슷한 운명의 형식을 지닌 사람들을.

> 전철 안 귀퉁이에 서서
> 도루코 칼로 자기 손등에 흠집을 내는 여인
> 손등 여기저기에 피어나는 붉은 꽃을
> 스윽 꺾어 버린다
>
> 정해진 역 외에는 열리는 법 없는 굳게 닫힌 문과
> 인정머리 없어 보이는 문밖의 검은 벽
> 당신도 갑갑한 거죠
> 상처를 내고 싶은 거죠
> ―「0호선―지하철에서 만난 여자 1」에서

장승리가 보여 주는 풍경은 상처를 '덧'내는 행위로 말미암아 더욱 비극적으로 느껴진다. 「제목 없음」에서도 상처는 '덧'났다. 거울의 파편, 칼, 모서리 등 날카로운 것에 의해서 몸에 상처가 나는 일은 빈번하게 일어난다. 시인은 이렇게 상처가 나는 상황을 식물의 출현과 성장으로 표현한다. 생성된 상처를 지우는 행위는, 상처가 생명체의 의미를 부여받은 이상 생명체를 소멸시키는 행위가 된다. 여기에서 상처와 죽음의 의미가 다시 한 번 생성된다. 상처는 비유의 세계 속에서 배가(倍加)되고 심화된다. 아무렇지도 않게 상처를 더욱 상하게 만드는 시인의 손길에는 상처를 입은 자에 대한 섣부른 연민이나 과도한 감상이 배어 있지 않다. 자기의 몸에 울긋불긋, 피로 그림을 그려 대는 사람들이, 몸 안에서 솟구쳐 나오는 붉은 에너지를 보는 순간에나 스스로 살아 있음을 느끼고 기꺼워하는 것을 알기 때문일까. 그녀는 스스로 상처를 내는 이들을 진심으로 이해하고 있다. 뭇사람들의 시선에는 그다지 곱지 않게 비치지 않을 그들을.

그녀 자신이 포함된, 그녀의 애인들, 그녀의 언어, 그녀가 소중하게 여기는 것들이 날카로운 모서리와 부딪혀 잘려 나간다. 그녀가 꿈속에서 자기 머리카락을 잘라 버려도 꿈 밖에서 그녀에게서 잘려 나간 것들을 위해 울어 줄 수 있는 사람은 그녀뿐이다. 그녀에게 남은 것은 그녀의 악몽과 무관하게 찾아오는 무심하고 냉담한 아침의 시간뿐이다.(「머리카락에 걸린 밤」) 그래도 그녀 자신도 알고 있듯, 그녀의 '손'에 그어진 몇 개의 '금'들이 신생의 희망으로 빛나게 될 순간이 반드시 찾아올 것이다.

악몽을 꾼 밤

그녀의 상처는 깊고 넓어서, 희고 창백한 뼈까지 드러나 보였다. 어떤 연민도 불필요하다는 것을 알기에 나는 그녀의 상처에서부터 도망치고 싶었다. 그녀가 남긴 언어의 파편들을 줍게 되면 내 손 어딘가에도 상처가 날지 모르므로. 그녀의 얼굴을 머릿속에서 지워 내려 눈을 감자, 그녀는 안내섬광(眼內閃光)이 되어 나를 따라왔다. 검고 어두운 꿈을 꾸었다.

그래도 괜찮다, 이것은, 꿈이다.

장승리

1974년 서울에서 태어났다. 2002년 《중앙일보》 신인문학상으로 등단했다.

습관성 겨울

1판 1쇄 펴냄 2008년 8월 8일
1판 3쇄 펴냄 2021년 5월 10일

지은이 · 장승리
발행인 · 박근섭, 박상준
펴낸곳 · (주)민음사

출판 등록 1966. 5. 19. 제16-490호
서울특별시 강남구 도산대로1길 62(신사동)
강남출판문화센터 5층 (우편번호 06027)
대표전화 02-515-2000 / 팩시밀리 02-515-2007
www.minumsa.com

ⓒ 장승리, 2008. Printed in Seoul, Korea
ISBN 978-89-374-0765-9 (03810)

* 잘못 만들어진 책은 구입처에서 교환해 드립니다.

민음의 시
목록

- 001 **전원시편** 고은
- 002 **멀리 뛰기** 신진
- 003 **춤꾼 이야기** 이윤택
- 004 **토마토 씨앗을 심은 후부터** 백미혜
- 005 **징조** 안수환
- 006 **반성** 김영승
- 007 **햄버거에 대한 명상** 장정일
- 008 **진흙소를 타고** 최승호
- 009 **보이지 않는 것의 그림자** 박이문
- 010 **강** 구광본
- 011 **아내의 잠** 박경석
- 012 **새벽편지** 정호승
- 013 **매장시편** 임동확
- 014 **새를 기다리며** 김수복
- 015 **내 젖은 구두 벗어 해에게 보여줄 때** 이문재
- 016 **길안에서의 택시잡기** 장정일
- 017 **우수의 이불을 덮고** 이기철
- 018 **느리고 무겁게 그리고 우울하게** 김영태
- 019 **아침책상** 최동호
- 020 **안개와 불** 하재봉
- 021 **누가 두꺼비집을 내려놨나** 장경린
- 022 **흙은 사각형의 기억을 갖고 있다** 송찬호
- 023 **물 위를 걷는 자, 물 밑을 걷는 자** 주창윤
- 024 **땅의 뿌리 그 깊은 속** 배진성
- 025 **잘 가라 내 청춘** 이상희
- 026 **장마는 아이들을 눈뜨게 하고** 정화진
- 027 **불란서 영화처럼** 전연옥
- 028 **얼굴 없는 사람과의 약속** 정한용
- 029 **깊은 곳에 그물을** 남진우
- 030 **지금 남은 자들의 골짜기엔** 고진하
- 031 **살아 있는 날들의 비망록** 임동확
- 032 **검은 소에 관한 기억** 채성병
- 033 **산정묘지** 조정권
- 034 **신은 망했다** 이갑수
- 035 **꽃은 푸른 빛을 피하고** 박재삼
- 036 **침엽수림에서** 엄원태
- 037 **숨은 사내** 박기영
- 038 **땅은 주검을 호락호락 받아 주지 않는다** 조은
- 039 **낯선 길에 묻다** 성석제
- 040 **404호** 김혜수
- 041 **이 강산 녹음 방초** 박종해
- 042 **뿔** 문인수
- 043 **두 힘이 숲을 설레게 한다** 손진은
- 044 **황금 연못** 장옥관
- 045 **밤에 용서라는 말을 들었다** 이진명
- 046 **홀로 등불을 상처 위에 켜다** 윤후명
- 047 **고래는 명상가** 김영태
- 048 **당나귀의 꿈** 권대웅
- 049 **까마귀** 김재석
- 050 **늙은 퇴폐** 이승욱
- 051 **색동 단풍숲을 노래하라** 김영무
- 052 **산책시편** 이문재
- 053 **입국** 사이토우 마리코
- 054 **저녁의 첼로** 최계선
- 055 **6은 나무 7은 돌고래** 박상순
- 056 **세상의 모든 저녁** 유하
- 057 **산화가** 노혜봉
- 058 **여우를 살리기 위해** 이학성
- 059 **현대적** 이갑수
- 060 **황천반점** 윤제림
- 061 **몸나무의 추억** 박진형
- 062 **푸른 비상구** 이희중
- 063 **님시편** 하종오
- 064 **비밀을 사랑한 이유** 정은숙
- 065 **고요한 동백을 품은 바다가 있다** 정화진
- 066 **내 귓속의 장대나무 숲** 최정례
- 067 **바퀴소리를 듣는다** 장옥관
- 068 **참 이상한 상형문자** 이승욱
- 069 **열하를 향하여** 이기철
- 070 **발전소** 하재봉
- 071 **화염길** 박찬

072	딱따구리는 어디에 숨어 있는가 최동호	108	공놀이하는 달마 최동호
073	서랍 속의 여자 박지영	109	인생 이승훈
074	가끔 중세를 꿈꾼다 전대호	110	내 졸음에도 사랑은 떠도느냐 정철훈
075	로큰롤 해본 김태형	111	내 잠 속의 모래산 이장욱
076	에로스의 반지 백미혜	112	별의 집 백미혜
077	남자를 위하여 문정희	113	나는 푸른 트럭을 탔다 박찬일
078	그가 내 얼굴을 만지네 송재학	114	사람은 사랑한 만큼 산다 박용재
079	검은 암소의 천국 성석제	115	사랑은 야채 같은 것 성미정
080	그곳이 멀지 않다 나희덕	116	어머니가 촛불로 밥을 지으신다 정재학
081	고요한 입술 송종규	117	나는 걷는다 물먹은 대지 위를 원경길
082	오래 비어 있는 길 전동균	118	질 나쁜 연애 문혜진
083	미리 이별을 노래하다 차창룡	119	양귀비꽃 머리에 꽂고 문정희
084	불안하다, 서 있는 것들 박용재	120	해질녘에 아픈 사람 신현림
085	성찰 전대호	121	Love Adagio 박상순
086	삼류 극장에서의 한때 배용제	122	오래 말하는 사이 신달자
087	정동진역 김영남	123	하늘이 담긴 손 김영래
088	벼락무늬 이상희	124	가장 따뜻한 책 이기철
089	오전 10시에 배달되는 햇살 원희석	125	뜻밖의 대답 김언희
090	나만의 것 정은숙	126	삼천갑자 복사빛 정끝별
091	그로테스크 최승호	127	나는 정말 아주 다르다 이만식
092	나나 이야기 정한용	128	시간의 쪽배 오세영
093	지금 어디에 계십니까 백주은	129	간결한 배치 신해욱
094	지도에 없는 섬 하나를 안다 임영조	130	수탉 고진하
095	말라죽은 앵두나무 아래 잠자는 저 여자 김언희	131	빛들의 피곤이 밤을 끌어당긴다 김소연
096	흰 책 정끝별	132	칸트의 동물원 이근화
097	늦게 온 소포 고두현	133	아침 산책 박이문
098	내가 만난 사람은 모두 아름다웠다 이기철	134	인디오 여인 곽효환
		135	모자나무 박찬일
099	빗자루를 타고 달리는 웃음 김승희	136	녹슨 방 송종규
100	얼음수도원 고진하	137	바다로 가득 찬 책 강기원
101	그날 말이 돌아오지 않는다 김경후	138	아버지의 도장 김재혁
102	오라, 거짓 사랑아 문정희	139	4월아, 미안하다 심언주
103	붉은 담장의 커브 이수명	140	공중 묘지 성윤석
104	내 청춘의 격렬비열도엔 아직도 음악 같은 눈이 내리지 박정대	141	그 얼굴에 입술을 대다 권혁웅
		142	열애 신달자
105	제비꽃 여인숙 이정록	143	길에서 만난 나무늘보 김민
106	아담, 다른 얼굴 조원규	144	검은 표범 여인 문혜진
107	노을의 집 배문성	145	여왕코끼리의 힘 조명
		146	광대 소녀의 거꾸로 도는 지구 정재학

147	슬픈 갈릴레이의 마을 정채원	186	ㄹ 성기완
148	습관성 겨울 장승리	187	모조 숲 이민하
149	나쁜 소년이 서 있다 허연	188	침묵의 푸른 이랑 이태수
150	앨리스네 집 황성희	189	구관조 씻기기 황인찬
151	스윙 여태천	190	구두코 조혜은
152	호텔 타셀의 돼지들 오은	191	저렇게 오렌지는 익어 가고 여태천
153	아주 붉은 현기증 천수호	192	이 집에서 슬픔은 안 된다 김상혁
154	침대를 타고 달렸어 신현림	193	입술의 문자 한세정
155	소설을 쓰자 김언	194	박카스 만세 박강
156	달의 아가미 김두안	195	나는 나와 어울리지 않는다 박판식
157	우주전쟁 중에 첫사랑 서동욱	196	딴생각 김재혁
158	시소의 감정 김지녀	197	4를 지키려는 노력 황성희
159	오페라 미용실 윤석정	198	.zip 송기영
160	시차의 눈을 달랜다 김경주	199	절반의 침묵 박은율
161	몽해항로 장석주	200	양파 공동체 손미
162	은하가 은하를 관통하는 밤 강기원	201	온몸으로 밀고 나가는 것이다
163	마계 윤의섭		서동욱·김행숙 엮음
164	벼랑 위의 사랑 차창룡	202	암흑향 暗黑鄕 조연호
165	언니에게 이영주	203	살 흐르다 신달자
166	소년 파르티잔 행동 지침 서효인	204	6 성동혁
167	조용한 회화 가족 No. 1 조민	205	응 문정희
168	다산의 처녀 문정희	206	모스크바예술극장의 기립 박수 기혁
169	타인의 의미 김행숙	207	기차는 꽃그늘에 주저앉아 김명인
170	귀 없는 토끼에 관한 소수 의견 김성대	208	백 리를 기다리는 말 박해람
171	고요로의 초대 조정권	209	묵시록 윤의섭
172	애초의 당신 김요일	210	비는 염소를 몰고 올 수 있을까 심언주
173	가벼운 마음의 소유자들 유형진	211	힐베르트 고양이 제로 함기석
174	종이 신달자	212	결코 안녕인 세계 주영중
175	명왕성 되다 이재훈	213	공중을 들어 올리는 하나의 방식 송종규
176	유령들 정한용	214	희지의 세계 황인찬
177	파묻힌 얼굴 오정국	215	달의 뒷면을 보다 고두현
178	키키 김산	216	온갖 것들의 낮 유계영
179	백 년 동안의 세계대전 서효인	217	지중해의 피 강기원
180	나무, 나의 모국어 이기철	218	일요일과 나쁜 날씨 장석주
181	밤의 분명한 사실들 진수미	219	세상의 모든 최대화 황유원
182	사과 사이사이 새 최문자	220	몇 명의 내가 있는 액자 하나 여정
183	애인 이응준	221	어느 누구의 모든 동생 서윤후
184	얘들아, 모든 이름을 사랑해 김경인	222	백치의 산수 강정
185	마른하늘에서 치는 박수 소리 오세영	223	곡면의 힘 서동욱

224	나의 다른 이름들 조용미	263	양방향 김유림
225	벌레 신화 이재훈	264	어디서부터 오는 비인가요 윤의섭
226	빛이 아닌 결론을 찢는 안미린	265	나를 참으면 다만 내가 되는 걸까 김성대
227	북촌 신달자	266	이해할 차례이다 권박
228	감은 눈이 내 얼굴을 안태운	267	7초간의 포옹 신현림
229	눈먼 자의 동쪽 오정국	268	밤과 꿈의 뉘앙스 박은정
230	혜성의 냄새 문혜진	269	디자인하우스 센텐스 함기석
231	파도의 새로운 양상 김미령	270	진짜 같은 마음 이서하
232	흰 글씨로 쓰는 것 김준현	271	숲의 소실점을 향해 양안다
233	내가 훔친 기적 강지혜	272	아가씨와 빵 심민아
234	흰 꽃 만지는 시간 이기철	273	한 사람의 불확실 오은경
235	북양항로 오세영	274	우리의 초능력은 우는 일이 전부라고 생각해 윤종욱
236	구멍만 남은 도넛 조민		
237	반지하 앨리스 신현림	275	작가의 탄생 유진목
238	나는 벽에 붙어 잤다 최지인	276	방금 기이한 새소리를 들었다 김지녀
239	표류하는 흑발 김이듬	277	감히 슬프지 않을 수 있겠습니까? 여태천
240	탐험과 소년과 계절의 서 안웅선	278	내 몸을 입으시겠어요? 조명
241	소리 책력冊曆 김정환	279	그 웃음을 나도 좋아해 이기리
242	책기둥 문보영	280	중세를 적다 홍일표
243	황홀 허형만	281	우리가 동시에 여기 있다는 소문 김미령
244	조이와의 키스 배수연	282	써칭 포 캔디맨 송기영
245	작가의 사랑 문정희		
246	정원사를 바로 아세요 정지우		
247	사람은 모두 울고 난 얼굴 이상협		
248	내가 사랑하는 나의 새 인간 김복희		
249	로라와 로라 심지아		
250	타이피스트 김이강		
251	목화, 어두운 마음의 깊이 이응준		
252	백야의 소문으로 영원히 양안다		
253	캣콜링 이소호		
254	60조각의 비가 이선영		
255	우리가 훔친 것들이 만발한다 최문자		
256	사람을 사랑해도 될까 손미		
257	사과 얼마예요 조정인		
258	눈 속의 구조대 장정일		
259	아무는 밤 김안		
260	사랑과 교육 송승언		
261	밤이 계속될 거야 신동옥		
262	간절함 신달자